사진 찍은 이_ 황기모

주리반특

애지디카시선 011
주리반특

2025년 09월 10일 초판 1쇄 발행

지은이 김남호
펴낸이 윤영진
기획편집 함순례
홍 보 한천규
펴낸곳 도서출판 애지
등록 제 2005-000005호
주소 34570 대전광역시 동구 대전천북로 12
전화 042 637 9942
팩스 042 635 9941
전자우편 ejiweb@hanmail.net
ⓒ김남호 2025
ISBN 979-11-91719-36-9 03810

* 저자와의 협의에 의해 인지를 생략합니다.
* 이 책 내용의 전부 또는 일부를 재사용하려면 저자와 애지 양측의 동의를 받아야 합니다.

에지디카시 011

주리반특

김남호 디카시집

시인의 말

태어나서 지금까지
내가 보아온 것들의 총합이
지금의 나라면,
이 디카시집은
나의 일부분 혹은
또 다른 나의 자화상일 터.
부분이든 전체든
나를 드러내는 일은
언제나 서툴다.

2025년 가을

김남호

■ 차례

시인의 말　005

제1부
누추한 생활의 한복판으로
엑스레이 같은 햇살이 비칠 때

처서　012
문지기　014
우물 속에서　016
낡은 책　018
먹먹할 때　020
저무는 새　022
검은 강　024
일몰　026
주리반특　028
뱀딸기　030
시심마　032
저기에 뭔가 있다　034
만신창이　036
CCTV　038

제2부
늙은 신처럼 굽어만 보네
멀리서 보면 세상은 평화롭네

씬 레드라인 042
라이브 044
사랑의 정석 046
초록별 048
무슨 새의 깃털일까? 050
빈집 052
기도 054
슬픔을 견디는 방식 056
종손 058
엄마 생각 060
고도 062
알약 064
산불감시원 066

제3부
꽃마다 찾아가서
이름을 불러주네

시인 070
시론 072
시인의 죄 074
비평의 균형 076
올라갈 때 못 본 꽃 078
귀무덤 080
싸움의 기술 082
범 내려온다 084
소매치기 086
무리의 힘 088
휴식 090
소리의 숲 092
일탈 094
태초 096

제4부
영원히 내 것이 될 수 없어서
언제나 빛나는 저것들

찬란하다 100
간격 102
옛날식 고요 104
걱정인형 106
저문 강가에서 108
구강기 110
외줄진딧물혹 112
발자국 114
보호색 116
묵언 118
설법 120
캐묻다 122
장모님 달력 124
빈손 126

제1부
누추한 생활의 한복판으로
엑스레이 같은 햇살이 비칠 때

처서

까맣게 그을린 아버지가

노을 속에 박제된다

호박琥珀 속에 박혀 있는

한 마리 벌레처럼

문지기

또 묻는다, 당신이 누구냐고

쓰레기봉투를 버리러 간 나와

버리고 온 나는 다른가 보다

우물 속에서

뚜껑을 조금 열어본다

저기서 더 열면

신神에게 들킬까봐

서둘러 닫는다

낡은 책

책장이 온통
너덜너덜하다

얼마나 굶주린 짐승이
저 안에 있을까

먹먹할 때

누추한 생활의 한복판으로

엑스레이 같은 햇살이 비칠 때

저무는 새

이제는 돌아갈 시간

어디서 왔는지 내가

누구인지도 모르는데

누구를 데리고

어디로 돌아가야 하나

검은 강

어쩌자고 저 강은

젖은 이름들을 거두어

한 줄에 꿰는가

그 이름들 끝에 기어이

내 이름마저 꿰려고 하는가

일몰

저녁노을 속으로

오늘 아침 만들어진

도시 하나가 무너진다

주리반특

하루 종일 하늘을 닦은

저 걸레보살의 공덕으로

내일의 하늘이

눈부시게 열릴지니

* 주리반특(周利槃特): 청소의 공덕으로 깨달음을 얻은
부처님의 제자.

뱀딸기

돌아보니

뱀과 딸기 사이에서

길을 잃을 때가 많았네

그 둘이 서로 다르다고

믿었던 시절이었네

시심마

저건 날고자 하는 새의 욕망

쉬고자 하는 허공의 피로

슬쩍 떼어놓고 달아나버린

바람의 이복형제

* 시심마(是甚麼): 불교의 공안. "이 뭐꼬?"라는 뜻.

저기에 뭔가 있다

지상의 모든 것들은
하나같이 저기를 가리킨다
오로지 저기만 가리킨다
저기에는 뭔가 있다, 틀림없이

만신창이

한 곳도 성한 데가 없다

구멍마다 비명이다

저쪽이 얼금얼금 비친다

상처마다 다른 풍경이다

CCTV

사방이 눈이다

골목에도 광장에도

심지어 내 안에도

나를 엿보는

외계인이 있다

제2부

늙은 신처럼 굽어만 보네
멀리서 보면 세상은 평화롭네

씬 레드라인

기총소사 하듯이

한차례 소나기가 퍼붓고 지나가자

한 방울 날 선 고요가

눈부시다

---

* 씬 레드라인(The Thin Red Line): 1998년 개봉한
테렌스 말릭 감독의 영화.

라이브

스크린에 악보가 켜지고

그가 연주를 시작하네

어느 대목에서 실수를 했던가

무대 뒤를 살짝 돌아보네

객석은 알아채지 못하네

사랑의 정석

46

사랑은 저렇게 하는 것이다!
꽃이 놀라지 않게
내 마음 들키지 않게
가장 멀리서부터 서서히
그대 쪽으로 다가가는

초록별

아침햇살을 받아

쏟아져 내리는

초록빛 은하수

무슨 새의 깃털일까?

한참을 보고 있으니

깃털에서

저 새의 울음소리가 들린다

빈집

원룸, 세 놓습니다

보기보다는

깊고 아늑합니다

나중에

관棺으로 쓰셔도 됩니다

기도

돌리고 돌리고
아무리 돌려도
결국 처음인데,

빛나는 저 광택은
어디서 오는가

슬픔을 견디는 방식

생각마다 끄트머리에

이슬이 맺힌다

한 방울도 놓치지 않으려

안간힘을 쓴다

종손

일평생—

헛것을 지키느라

헛것과 싸우다가

사자使者를 따라가는

굽은 나무 한 그루

엄마 생각

삼베치마 냄새가 난다

차마 떠나지를 못한다

고도

이봐,

아직도 기다리나?

그날의

그 번개를

알약

며칠을 나에게 시달렸다

뜨겁던 열이 내리고

부었던 목이 가라앉았다

먹다 남은 알약들이 비로소 예쁘다

입안에 신맛이 고인다

산불감시원

늙은 신처럼 굽어만 보네
앰뷸런스는 죽음을 찾아 달려가고
저마다 불씨를 안고 사는데도
연기 나는 곳은 없네
멀리서 보면 세상은 평화롭네

제3부
꽃마다 찾아가서
이름을 불러주네

시인

꽃마다 찾아가서 이름을 불러주네
자기만 알고 있는 이름을 불러주네
이름을 불러주다가 마침내 꽃이 되네

시론

시 쓰기란 저런 것이다

일상의 바위에 틈을 내는 일

그 틈새에

새로운 우주를 키우는 일

시인의 죄

물론, 용서받기 힘들겠지

무엄하게도

하늘을 능멸하였으니

*능소화(凌霄花): 하늘[霄]을 능멸[凌]하는 꽃이라는 뜻.

비평의 균형

반드시 칭찬 끝에다

자잘한 가시를 박아놓지

올라갈 때 못 본 꽃

오동나무 새잎이

꽃보다도 예쁘네

귀무덤

이젠 그만하세요

혀가 닳도록 말해도 헛수고예요

당신의 무수한 입들만큼이나

무수하게 버려진

내 귀가 안 보이나요?

싸움의 기술

상대의 눈빛을 읽어야 한다

다음 동작은 지금의 눈빛 속에 있다

저 놈도 필시 내 눈빛을 읽고 있을 터

절대 들키지 말아야 한다

범 내려온다

얼숭덜숭 벚꽃 그늘에서
심심한 짐승 하나 내려온다
누에머리 흔들며
촤르르르 꽃잎 끼얹으며
퇴직한 백수 하나 내려온다

소매치기

붙잡힌 소매치기처럼

슬며시 꺼내놓는다

저것을 어디에 숨겼다가 꺼내놓는가

어디서 훔쳤다가 꺼내놓는가

무리의 힘

하나의 소리는 미미하지만

단체로 내지르면

깜짝 놀라서 다들 바라보지

휴식

자고로 몸뚱어리보다

머리가 쉬는 게

제대로 쉬는 거

소리의 숲

왜 뻐꾸기 소리는 쉬운데

개개비 소리는 난해한가

딱따구리 소리는 어지럽고

소쩍새 소리는 가지런한가

5월의 귓속은 소리들로 울창하다

일탈

여기만 아니면 돼!

발보다

발가락이 먼저 달아난다

태초

벗겨놓으니 다 똑같다

남녀도 빈부도 귀천도 없다

비로소 평등세상이다

제4부
영원히 내 것이 될 수 없어서
언제나 빛나는 저것들

찬란하다

붙잡을 수 없는 저것들

영원히 내 것이 될 수 없는 저것들

내 것이 될 수 없어서

언제나 빛나는 저것들

간격

전쟁터에도 잠시 잠깐 휴식은 필요하다
마주보는 두 긴장 사이로 보란 듯이
간격이 보행의 속도로 지나간다
쉬었다가 내일 또 싸우자고
워, 워, 노을이 진다

옛날식 고요

무궁화 텅 빈 깍지가

애국가 막 끝나고

영화 시작하기 직전,

80년대의 극장처럼

고요하다

걱정인형

어머니만 생각하면 저런
돌덩이 하나 가슴을 짓누른다
괜찮다 잘 지낸다
걱정 마라, 내 새끼―
걱정 마라는 바윗돌 하나가

저문 강가에서

맨날 손에 전화기 쥐고 다니면서

에미한테 전화 좀 하지

전화나 좀 하지……

그 말이 왜 이렇게 사무칠까

구강기

실컷 빨아보고 싶네

저 희고 탐스런 젖가슴

아직도 구강기라네

구남매 끄트머리,

젖배 곯았던 나는

외줄진딧물혹

저게 열매인 줄 알았다

느티나무의 희망인 줄 알았다

열매가 아니라 혹이란다

희망이 아니라 병이란다

병도 때로는 희망처럼 보이는가

발자국

뒤에 온 자가

앞서간 자를 지운다

지우면서 지워진다

나는 누구를 지운 흔적인가

보호색

너를 만나기 위해

나를 지우고

숨죽인 채 기다린다

네가 나를

못 알아볼 때까지

묵언

스님! 스님!

자꾸 불러쌓지 마라

나도 모른다

설법

어느 게 꽃이고,

어느 게 등인가

어느 게 더 밝은가

다시 묻노니,

어느 게 더 가난한가

캐묻다

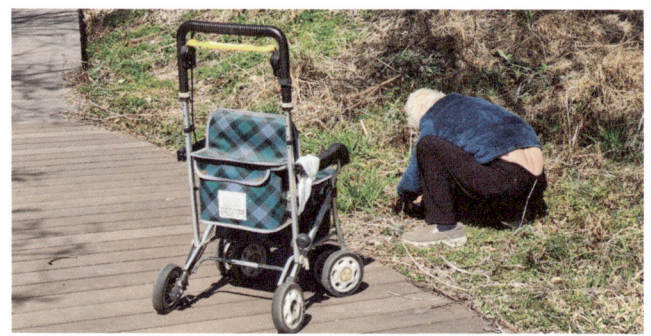

평생을 캐고도

아직 캘 것이 남아있는가

캐묻고 캐묻고

캐서 다시 땅에 묻는가

징글징글한 질문이여!

장모님 달력

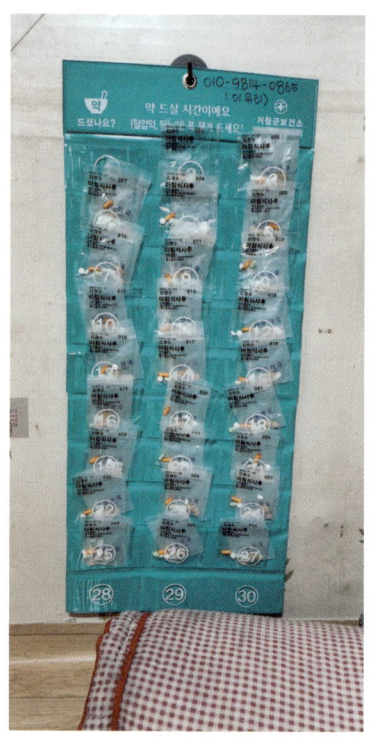

날짜마다 약봉지다
어제의 약이 오늘의 약에게
장모님을 넘겨주는
알약을 징검돌 삼아 이승을 건너는
한 장 넘기면 죽음이 나오는

빈손

결국 이런 날 올 줄 알았네라
저기가 바로 주막인데
이렇게 많은 황금을 갖고도
막걸리 한 잔
마실 수가 없는 날

애 지 디 카 시 선

001 허수아비는 허수아비다　　　복효근 디카시집

002 고단한 잠　　　　　　　　　김남호 디카시집

003 우주정거장　　　　　　　　이시향 디카시집

004 무죄　　　　　　　　　　　오정순 디카시집

005 가장 좋은 집　　　　　　　박해경 디카시집

006 꽃 트럭　　　　　　　　　　이태희 디카시집

007 수신되지 않은 말이 있네　　유은희 디카시집

008 의자들　　　　　　　　　　문영숙 디카시집

009 이슬의 눈　　　　　　　　　황기모 디카시집

010 달은 이제 어디로 가나　　　유은경 디카시집